NOTICE

SUR

M. HENRI LOYER

CHEVALIER DE LA LÉGION-D'HONNEUR

Président du Syndicat des filateurs de coton du Nord,

Ancien Adjoint au Maire de Wazemmes-Lille

NOTICE

SUR

M. Henri LOYER

CHEVALIER DE LA LÉGION-D'HONNEUR

Président du Syndicat des filateurs de coton du Nord,

Ancien Adjoint au Maire de Wazemmes-Lille

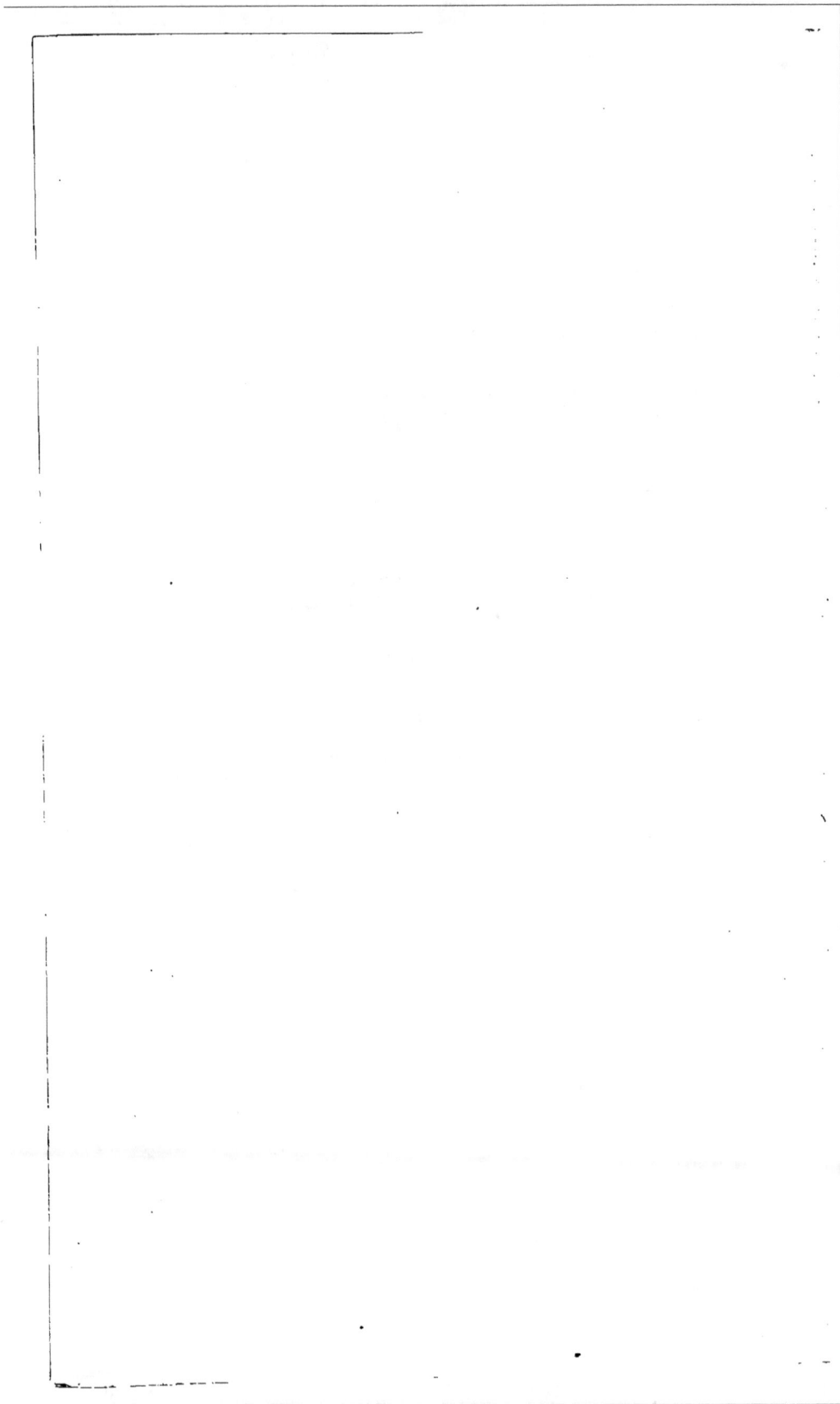

NOTICE

SUR

M. Henri LOYER

LOYER (Henri), né à Villedieu (Manche), le 26
octobre 1811, fut dirigé par ses parents vers la carrière
du notariat, qui avait été celle de son grand-père.

En 1833, une circonstance fortuite l'ayant amené à
visiter une filature de coton à Rouen, il voulut se
rendre compte de ce travail qui lui plût et vers lequel
il se sentit une sorte de vocation irrésistible. Il passa
aussi plusieurs années chez son parent M. Jacques
Loyer, propriétaire de plusieurs filatures importantes
en Normandie.

Venu à Lille en 1842, il entra dans la famille d'un
manufacturier qui avait établi, l'un des premiers dans
le Nord, cette industrie alors nouvelle, et il y fonda
une filature de coton fin. L'expérience, qu'il ne tarda
pas à acquérir, le plaça à la tête de ses concurrents, et
sa persévérance lui fit perfectionner ses produits à ce
point qu'à l'enquête de 1870, il fut reconnu par les
représentants du tissage que « les cotons de la maison
Loyer, de Lille, étaient aussi beaux et aussi fins que

ceux de la filature anglaise, » et qu'à partir de 1873, ils se vendaient, aussi bien à l'étranger qu'en France même, comme étant les plus parfaits.

M. Loyer a obtenu un *Prize-Medal* à l'Exposition universelle de Londres en 1862, la croix de la Légion-d'Honneur en 1863, un diplôme d'honneur à l'Exposition de Lyon en 1872, et a fait partie du jury de l'Exposition universelle de Paris en 1867.

Les soins donnés à son industrie n'empêchèrent pas M. Loyer de consacrer beaucoup de temps au service des intérêts publics.

Vers la fin de 1848, il fut nommé adjoint au maire de Wazemmes (quartier Sud-Ouest de Lille), et remplit ces fonctions jusqu'en 1859 ; de 1859 à 1861, il fit partie de la Commission municipale de Lille agrandie, puis il renonça à l'Administration pour se livrer entièrement à d'autres travaux.

Il avait, également en 1848, accepté les fonctions de membre du Comité des filateurs, érigé depuis en Syndicat comprenant la région du Nord, et dont il fut élu secrétaire, vice-président et président. En 1852, il fut appelé à faire partie de la Chambre de commerce où il siégea jusqu'en 1872, époque où il se retira, croyant plus utile le concours d'hommes plus jeunes.

En sa double qualité de membre de la Chambre de commerce et du Syndicat cotonnier, il fut souvent délégué pour aller à Paris, défendre les intérêts de l'industrie, et publia un grand nombre de brochures faites en vue du même but ; les plus importantes sont : *Règlement établi dans l'intérêt des patrons et des ouvriers et organisation d'une caisse de secours mutuels*

(1849); — *Déposition dans l'enquête ouverte, à Paris, sous la présidence de M. Magne, ministre du commerce* (1854); — *Travail des enfants dans les manufactures et hors de la famille* (1867); — *Réponses et discussion sur le régime économique, dans l'enquête, présidée, à Lille, par M. le Conseiller d'Etat, secrétaire général du ministère du commerce* (1869); —. *L'industrie aux prises avec la politique* (1873); — *Archives et histoire de la filature de coton dans le Nord de la France* (1 volume, 1873); — *La Grande-Bretagne et un petit coin de la France* (1876); cette brochure fut lue en présence du Syndicat et remise à MM. Balsan et Fernand-Raoul Duval, reçus par M. Loyer, à leur retour d'Angleterre, où le Conseil supérieur du commerce les avait délégués.

Enfin, quelques mois avant sa mort, dans une assemblée générale des filateurs du département du Nord, réunis à Lille, le 19 février 1877, M. Loyer, encourageant ses collègues à se dévouer à la défense de la filature française, défense à laquelle le dépérissement de sa santé ne lui permettait plus de prendre une part active dans les discussions publiques, leur remit son dernier travail publié sous ce titre : *L'abaissement des droits de douane et les admissions temporaires* (1877).

M. Loyer est mort à Paris le 1er juin, à la suite d'une longue maladie. Ses obsèques ont eu lieu à Lille, le 5, au milieu d'un immense concours de personnes de toutes conditions.

Les coins du poële étaient tenus par M. Catel-Béghin, maire de Lille, M. Crespel-Tilloy, ancien maire,

M. Alfred Delesalle, vice-président du Syndicat cotonnier, M. Scrive-Bigo, membre de la Chambre de commerce.

Les honneurs militaires ont été rendus au défunt par
le bataillon du 25e chasseurs qui avait tenu à donner
cette dernière marque de sympathie en raison de la
réception que M. Loyer lui avait faite au retour des
grandes manœuvres de 1876, auxquelles son fils avait
pris part en qualité de capitaine attaché à la suite du
bataillon.

Deux discours ont été prononcés sur la tombe, l'un
par M. Alfred Delesalle, vice-président du Syndicat
cotonnier, l'autre par un ami de la famille, le R. P.
Ollivier (de l'ordre des Dominicains), qui avait assisté
M. Loyer à ses derniers moments.

Voici d'abord en quels termes s'est exprimé M. Alfred
Delesalle, au nom de l'industrie lilloise :

Messieurs,

Avant de vous retirer de cette enceinte fu-
nèbre, où vos regrets sympathiques vous ont
amenés en si grand nombre, permettez-moi
de vous retenir quelques instants au bord de
cette tombe qui va se refermer pour toujours
sur la dépouille mortelle de l'homme de bien,
de l'excellent collègue, du grand industriel,
dont nous déplorons la mort prématurée.

Henri Loyer n'était pas un enfant de Lille,
mais l'hommage que lui rend aujourd'hui le

premier magistrat de la ville témoigne hau-
tement qu'il y avait mérité droit de cité par
les services dévoués, intelligents et désinté-
ressés qu'il y avait rendus comme adjoint au
maire pendant quatorze ans, membre de la
Chambre de commerce pendant vingt ans, et
membre ou président du syndicat cotonnier
de la région du Nord pendant vingt-cinq ans.

Il n'appartient pas à une voix aussi peu
autorisée que la mienne de célébrer les mé-
rites qui l'ont recommandé aux suffrages de
ses concitoyens d'adoption pour les divers
emplois qu'il a si dignement remplis; aussi
me bornerai-je à faire appel aux souvenirs
de tous ceux qui, ayant été ses collègues, ont
pu apprécier la rectitude de son jugement et
la fermeté de ses convictions, que de grandes
qualités d'élocution et de style savaient souvent communiquer aux autres, de même
qu'éclairé par la controverse et obéissant à
l'aménité de son caractère, il se montrait
toujours docile et soumis à l'avis du plus
grand nombre.

Est-il besoin, messieurs, de vous rappeler
les vertus de l'homme privé? Ne connaissez-
vous pas tous son honorabilité commerciale
et n'avez-vous pas éprouvé son extrême bien-

veillance, sa franche et sincère amitié, son empressement à obliger? Ai-je le droit de parler de ses libéralités, qu'il prenait si grand soin de cacher? D'ailleurs, la main qui les distribuait n'est-elle pas là encore tendue aux malheureux?

Mieux que mes paroles, le souvenir qu'il laisse au milieu de nous honore sa mémoire, et puisse la profonde douleur de sa famille en deuil être atténuée de la part qu'en prennent ses nombreux amis!

C'est le grand industriel que je veux vous montrer en Loyer, que son habileté a conduit d'un point de départ très modeste, en suivant une voie qu'il s'était frayée lui-même, à une haute situation de fortune, mais qu'une noble ambition poussait vers un but plus élevé.

Comme dans les arts et les sciences, comme dans la carrière des armes, on peut s'illustrer dans la carrière industrielle, et la gloire ne doit pas y être plus marchandée aux vainqueurs, parce que le champ du travail a, lui aussi, ses victimes.

S'étant appliqué à la filature des cotons fins, alors naissante en France, Loyer a apporté à son développement et à ses progrès dans la voie des perfectionnements tant d'intelligence, de recherches, de travail et de soins, qu'il a, en quelque sorte, élevé cette industrie à la hauteur d'un art. Ne peut-on pas, en effet, honorer du titre d'artiste celui qui, par le travail, centuple presque la valeur de la matière qu'il emploie?

Les cotons fins sont devenus, par son concours, l'une des gloires industrielles de la France, et si la supériorité de ses produits a pu être égalée, elle n'a jamais été nulle part surpassée. N'avais-je pas raison de dire que Loyer était un grand industriel, et dans la plus glorieuse acception du mot?

Pourrais-je, sans ingratitude, laisser dans l'ombre un des titres qui s'imposent le plus à la reconnaissance de tous pour notre regretté collègue? Puis-je ne pas rappeler les signalés services qu'il a rendus à la défense de l'industrie et du travail national, par ses nombreuses démarches à Paris, où la Chambre de commerce et le Syndicat cotonnier le déléguaient, aussi bien que par ses remarquables écrits qui, plus d'une fois, ont conjuré le danger, et resteront, pour les héritiers de son dévouement aux intérêts publics, des archives précieuses à consulter?

Homme d'ordre et parfait administrateur,

Loyer a toujours accompli en son temps et à son heure l'œuvre de chaque jour, préparé à un lendemain prévu. Je ne puis me rappeler, sans une émotion qui me glace, qu'il y a quelques semaines, mettant à profit un jour de trêve à ses souffrances, il venait inspecter cette sépulture qui à peine a eu le temps de s'achever. Aussi, quand la mort est venue, ne l'a-t-elle pas surpris, mais l'a trouvé prêt... prêt à quitter cette vie où son passage aura laissé des traces durables, prêt à entrer dans la vie de l'éternité en laquelle il avait foi, et dont il a franchi le seuil, guidé par la main de la religion qu'il avait appelée.

Et maintenant nous vous disons adieu, cher maître, cher collègue, cher ami, qui emportez nos sincères et vifs regrets. Sur cette tombe, nous déposons l'hommage de notre reconnaissance, et dans nos cœurs nous conserverons le souvenir de vos services et de vos exemples. Adieu, Loyer!

Voici les paroles prononcées par le R. P. Ollivier:

Messieurs,

Il appartenait aux témoins de la vie de

M. H. Loyer de vous la raconter, ou tout au moins de l'esquisser, comme il vient d'être fait avec tant de talent et d'émotion. Permettez à l'ami intime des dernières heures de vous dire quelle a été la mort de l'homme dont la tombe va se fermer. C'est une consolation et un enseignement que je veux vous proposer; et vous serez d'avis, comme moi, que c'est aussi un hommage dont nous ne pouvions priver sa mémoire.

Dans une carrière déjà longue, et dans un temps où peu d'hommes savent mourir dignement, j'ai vu mourir beaucoup d'hommes dont quelques-uns m'ont paru grands devant la mort; mais je puis affirmer que je n'en ai pas rencontré qui l'aient vue venir avec plus de simplicité et de grandeur chrétiennes. Et je vous prie de le bien remarquer, Messieurs, dans le mouvement qui a porté son âme vers Dieu, aux approches du dernier moment, il n'y a pas à suspecter un affaiblissement quelconque de l'intelligence ou de la volonté, comme il plaît à certains de le supposer en face de quelques agonies. Cette vivacité d'esprit, cette sûreté de jugement, cette énergie d'une volonté qui cédait seulement aux démonstrations concluantes, étaient restées ce qu'on vous a dit qu'elles étaient aux meilleures heures de la vie : et c'est dans cette lucidité et cette possession de soi-même que M. Loyer a fait appel à Dieu.

Je n'en suis pas surpris, Messieurs, parce que le propre des âmes vraiment supérieures, c'est d'aimer le voisinage de Dieu. Si quelqu'un, consultant seulement les apparences, s'étonnait que M. Loyer, peu empressé aux pratiques de la vie chrétienne, se soit jeté comme il l'a fait entre les bras du Maître au moment de sa suprême visite, je le prierais de réfléchir. M. Loyer était une de ces âmes supérieures dont je viens de parler, et qui sont naturelle-ment tournées vers Dieu : et quand je dis Dieu, Messieurs, je n'entends pas le Dieu vague et inerte qui suffit à tant d'esprits de nos jours, je parle du Dieu vivant qui s'est manifesté à nous par son Christ, et qui continue d'agir sur le monde par l'enseignement et la conduite de son Eglise.

Tel était le Dieu vers lequel montait l'âme de M. Loyer, comme nous le prouvent, non-seulement l'éducation chrétienne donnée à ses enfants et l'accomplissement exact de ses de-voirs annuels de chrétien, mais encore la pente ordinaire de son esprit aux heures des confi-dences intimes. Avec une naïveté dont il m'est impossible de ne pas faire l'éloge, il se reprochait de ne pas donner davantage au divin Maître, tout en se défiant de l'entraînement qu'il croyait se reconnaître à tout porter à l'extrême : « J'aurais peur, disait-il, d'y aller trop loin, comme il m'arrive en toutes choses. »

Aussi, Messieurs, quand il sentit venir la mort, elle le trouva tranquille, debout, prêt à recevoir la visite du Souverain-Juge. Il n'est pas difficile de préparer de tels hommes, et il n'y a pas à les défendre contre les mesquines appréhensions au milieu desquelles il faut comme glisser les conseils de l'ordre surnaturel.

Ce n'est pas moi, Messieurs, qui l'ai invité à réfléchir, — c'est lui qui m'a demandé de l'y aider, lorsque je venais seulement comme un ami déjà ancien lui apporter le témoignage de ma fidèle sympathie. Ce n'est pas moi qui ai sollicité de lui la confession de ses fautes, — c'est lui qui m'a tout d'abord, et sans me permettre aucun délai, découvert les secrets de sa conscience. Ce n'est pas moi qui lui ai conseillé la réception des sacrements, — c'est lui qui les a demandés, s'étonnant de mes retards, et pressant l'heure de les recevoir. J'étais venu prendre de ses nouvelles sans prévoir à quel douloureux ministère j'allais être convié. De son lit il entendit ma voix, sans la reconnaître à cause de la distance, et demanda qui parlait : « C'est le Père, lui dit-on, qui fait visite à Mme Loyer. » — « Mais j'espère bien, reprit-il, que cette visite sera aussi pour moi. » Je me hâtai de répondre à cet appel, et dès que j'apparus au seuil de sa chambre, il écarta d'un geste les serviteurs présents, pour rester seul avec moi. « Cher Père, me dit-il aussitôt, je ne suis pas en retard, puisque j'ai rempli mes devoirs en temps opportun : mais faisons tout de suite ce qui convient. » Et il commença, tranquille et grave, le suprême compte-rendu de ses actions.

Comme je ne parlais pas encore des derniers sacrements : « Vous ne voulez donc pas, me dit-il, me permettre de communier ? » Ce fut lui qui dicta les ordres nécessaires. Il voulait suivre les prières des agonisants dans un livre, pour s'y mieux unir, et persista dans ce désir en dépit de mes observations fondées sur la fatigue qu'il pouvait en éprouver. On eût dit qu'il ne s'agissait pas de lui, tant la présence de la mort le laissait maître de sa pensée et de sa volonté. C'est seulement à ses recommandations pour les siens et surtout pour la fidèle compagne de sa vie que l'on pouvait reconnaître une préoccupation personnelle marquée au même cachet d'intelligence pratique et d'affectueuse énergie dont tous ses actes ont gardé l'empreinte. La mort l'a pris dans cette attitude simple et digne, attentif à Dieu, après l'avoir été à tout ce qui sollicitait justement son attention ici-bas, confiant en la justice et la miséricorde de Celui qui l'appelait à son tribunal.

L'ami que vous venez d'entendre vous a donné sa vie en exemple : laissez-moi vous proposer aussi sa mort. Quand vous aurez besoin d'une leçon de courage, de dignité, d'honneur, venez sur cette tombe, Messieurs, et laissez-la répondre. Elle vous dira comment il convient à un homme de vivre, et aussi comment il lui convient de mourir !

Aussi, Messieurs, pouvons-nous, sans réserve et sans crainte, lui dire en ce moment : « Au revoir ! » Pour ceux qui croient seulement à la matière et au néant, cette parole est vide, et je m'étonne qu'ils l'osent prononcer. Comment dire au revoir à ceux qui ne doivent pas vivre au-delà de la tombe ? A quoi faire appel et d'où viendrait le retour ? La terre ne rendra pas la pourriture où finit la matière, et, si l'éternité n'existe pas, que peut-il revenir de l'éternité ? Mais il a cru à Celui qui est la résurrection et la vie, et nous pouvons sans tristesse lui dire adieu.

Adieu donc, comme on nous le disait tout à l'heure ! — Adieu ! maître, au nom de vos ouvriers ; — adieu, père, au nom de vos enfants ; adieu, époux, au nom de votre bien-aimée compagne ; adieu, ami, au nom de tous vos amis ! Adieu, signifie pour nous au revoir !... Au revoir au sein de Dieu qui vous a jugé, et qui vous a donné, nous en avons confiance, la récompense méritée de son repos et de sa paix !

Lille, imp. Lefebvre-Ducrocq.